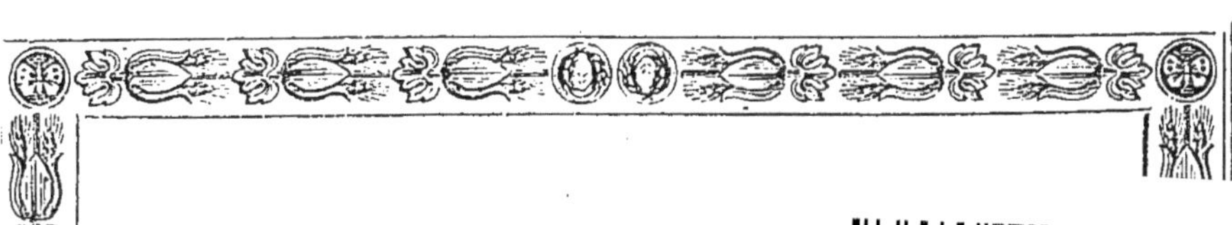

CONSIDÉRATIONS

SUR LE PROJET DE LOI

PRÉSENTÉ

à la Chambre des Députés

SUR

LES ALIÉNÉS,

Et examen des personnes que l'on nomme ou dit Aliénés ou Fous, ainsi que du projet de Loi à leur sujet.

1837.

CONSIDÉRATIONS

Sur le Projet de Loi

PRÉSENTÉ

A LA CHAMBRE DES DÉPUTÉS

SUR

LES ALIÉNÉS.

PROJET DE LOI.

Art. 1er Nul individu atteint d'imbécilité, de démence ou de fureur, dont l'interdiction n'aura pas été prononcée, ne pourra, sous les peines portées par l'art. 120 du Code pénal, être placé ou retenu dans aucun hospice ou autre établissement public ou privé, affecté au traitement de l'aliénation mentale, qu'en vertu d'une autorisation ou d'un ordre du préfet.

Art. 2. L'autorisation sera délivrée sur la demande des parens, ou de l'époux.

Elle le sera sur la demande de l'autorité militaire pour les militaires.

Le placement, soit avant, soit après l'interdiction, pourra être ordonné d'office par le préfet, lorsqu'il sera motivé par l'intérêt de la sûreté publique.

L'autorisation ou l'ordre seront donnés par le préfet sur les rapports du maire ou du sous-préfet, et sur l'avis d'une commission instituée dans les formes qui les ont déterminées, par un réglement d'administration publique.

Art. 3. En cas de danger imminent, attesté par le certificat d'un médecin ou par la notoriété publique, le maire pourra ordonner, à l'égard des individus désignés dans l'art. 1er, les mesures provisoires qui seraient nécessaires, sauf à en référer dans les vingt-quatre heures au préfet, qui statuera sans délai dans les formes indiquées par l'article précédent.

Art. 4. Tout individu placé en vertu des articles précédens dans les établissemens qui y sont désignés n'y sera plus retenu dès que les causes du placement auront cessé.

Aussitôt que les médecins estimeront que la sortie peut être ordonnée, il en sera référé par les directeurs et administrateurs au préfet, qui statuera immédiatement après avoir l'avis de la commission instituée en vertu de l'art. 2.

Les causes du placement seront de droit considérées comme ayant cessé.

1° Si depuis le placement un jugement rendu sur la demande d'un individu ou de sa famille, ou sur la provocation du procureur du Roi, a prononcé qu'il n'y a lieu ni à l'interdiction ni à l'administration provisoire ;

2° Si le tems pour lequel l'autorisation ou l'ordre ont été délivrés s'est écoulé sans qu'ils aient été renouvelés, ou sans qu'il soit intervenu aucun jugement prononçant soit l'interdiction, soit l'administration provisoire.

Aucune autorisation ni aucun ordre ne pourront avoir d'effet pendant plus de six mois, ni être renouvelés plus de trois fois.

Art. 5. Toute autorisation ou ordre délivré en vertu des art. 1 et 2 sont, dans les trois jours, notifiés administrativement par le préfet :

1° Au procureur du Roi de l'arrondissement du domicile de la personne indiquée dans l'ordre ;

2° A celui de l'arrondissement où est situé l'établissement ;

3° A la commission formée en exécution de l'art. 2.

Art. 6. Indépendamment des cas prévus par l'art. 491 du Code civil, le procureur du Roi, sur la demande du préfet, provoquera l'interdiction de tout individu placé, en vertu d'un ordre délivré d'office, dans un hospice ou établissement d'aliénés, comme atteint d'imbécilité, de démence ou de fureur.

Les frais de cette procédure seront avancés par l'administration de l'enregistrement, sur le pied du tarif fixé par le décret du 18 juin 1811, et les actes auxquels cette procédure donnera lieu seront visés pour timbre et enregistrés en débet, conformément aux lois des 13 brumaire et 22 frimaire an 7.

Si l'interdit, ses père, mère, époux ou épouse, sont dans un état d'indigence duement constaté par certificat du maire, visé et approuvé par le sous-préfet et par le préfet, il ne sera passé en taxe que les salaires des huissiers et l'indemnité due aux témoins non parens ni alliés de l'interdit.

Art. 7. Tous les établissemens publics et privés où sont reçus les aliénés, sont placés sous la surveillance de l'autorité administrative ; les préfets, les procureurs du Roi et ceux des membres de la commission instituée par l'art. 2 de la présente loi qui seraient délégués par les préfets, doivent être admis à les inspecter toutes les fois qu'ils s'y présentent.

Art. 8. Aucun établissement destiné au traitement de l'aliénation mentale, ne pourra se former sans l'autorisation du Gouvernement. Aucun établissement consacré au traitement des diverses maladies ne pourra recevoir des individus atteints d'imbécilité, de démence ou de fureur, s'il n'a été préalablement autorisé par le Gouvernement à traiter cette espèce de maladie.

Art. 9. Les hospices et autres établissemens publics désignés en l'art. 1er sont tenus de recevoir les individus qui leur sont adressés, en vertu d'un ordre de placement délivré conformément aux art. 1rr, 2 et 3 de la présente loi.

Art. 10. Il sera tenu, dans chacun des établissemens désignés par la présente loi, un registre spécial indiquant les noms et domiciles des individus placés en vertu de la présente loi, l'ordre d'admission, l'époque de l'entrée et celle de la sortie.

Art. 11. Des réglemens d'administration publique détermineront les conditions auxquelles seront accordées les autorisations énoncées dans l'art. 9., les cas où elles pourront être retirées, et les obligations auxquelles seront soumis les établisemens autorisés.

Art. 12. Les contraventions aux dispositions des art. 8 et 10 de la présente loi et aux réglemens rendus en vertu de l'article précédent seront punis d'un emprisonnement d'un an et d'une amende de 50 à 3,000 fr.

Il pourra toujours être fait application de l'art. 463 du Code pénal.

Art. 13. La dépense de l'entretien, du séjour et du traitement des individus placés en vertu de l'art. 9 de la présente loi dans les établissemens désignés par cet article, leur sera personnelle ; à défaut à la charge de ceux auxquels il peut être demandé des alimens, aux termes des art. 205 et suivans du Code civil.

Cette dépense sera fixée d'après un tarif réglé par le préfet.

Le recouvrement sera poursuivi et opéré à la diligence de l'administration de l'enregistrement.

ART. 14. A défaut ou en cas d'insuffisance des ressources énoncées dans l'article précédent, il sera pourvu à cette dépense sur les
centimes variables du département, sans préjudice du concours de
la commune du domicile des aliénés et des hospices, d'après les
bases proposées par le conseil-général sur l'avis des préfets, et ap-
prouvées par le gouvernement.

CONSIDERATIONS

SUR LE PROJET DE LOI

PRÉSENTÉ

à la Chambre des Députés

SUR

LES ALIÉNÉS,

Et examen des personnes que l'on nomme ou dit Aliénés ou Fous, ainsi que du projet de Loi à leur sujet.

En France depuis quelque temps le nombre des aliénés détenus augmente, et dans plusieurs localités on construit de nouvelles maisons pour les renfermer. C'est sans doute un grand mal que cette augmentation de gens insensés, mais je ne crois pas que la construction de nouvelles maisons pour les détenir soit le moyen de remédier au mal ; au contraire, je crois qu'il s'ensuivra une nouvelle augmentation d'aliénés ou gens que l'on *prétendra* aliénés et comme tels, fera enfermer dès qu'on aura plus de facilité pour le faire, la place ne manquant pas. Il y a une grande variété dans la manière de voir et d'agir des gens, d'où il résulte qu'une immense quantité de personnes sur divers points du globe sont (si on examine de près les choses) dits *fous* et *enfermés* avec les insensés, fort mal à propos, chose qui n'arrive pas en Turquie, où on laisse les fous en liberté et leur permet de faire à peu près tout ce qu'ils veulent, les considérant comme des espèces de prophètes ou hommes de génie, croyance qui toute absurde qu'elle paraît du premier abord, pourrait se justifier dans bien des cas.

Il y a en général peu de fous en Turquie, et ce qu'il y a encore de remarquable, c'est que dans ce pays où on traite les chiens avec bonté, les soignant et les nourrissant par dévotion et ne les maltraitant jamais, attendu que c'était l'animal favori de Mahomet, les chiens ne sont pas atteints de la *rage*, espèce de *folie*, d'où on pourrait peut-être conclure que les bons traitemens et l'absence de contrariétés sont favorables pour éloigner ou guérir ces deux maladies.

Le ministre de la justice, dans les motifs de la loi, s'est étendu sur la manière dont on agit avec les insensés dans différens pays étrangers ; il est fâcheux qu'il n'ait rien dit de ce qui se passe à leur égard dans les pays musulmans, et que la statistique ne nous fournisse aucune donnée sur la proportion des aliénés dans ce pays là, avec la population, ce qui serait intéressant.

En France, comme dans plusieurs autres pays, voici comment on agit, quand on amène une personne que l'on dit folle à un médecin, surtout à un de ceux tenant maison privée de fous. Le médecin prend le jugement de celui qui l'amène comme vrai et se met à médicamenter, ou bien il s'établit lui-même *juge suprême* et sans appel, non-seulement de tout ce dont est accusé la personne amenée chez lui par artifice ou violence, tels que voies de fait, disputes de famille, colères, mais de tous les motifs apparens ou cachés de ses actions, de toutes les pensées du malheureux détenu, enfin de *toutes les conceptions et combinaisons possibles de l'esprit humain, décide témérairement* si elles sont raisonnables ou déraisonnables, et quand il *les juge* déraisonnables, s'établit *inquisiteur* véritable, et supplicie le patient, malgré toutes ses protestations, par des tortures corporelles nommées chaînes, cachots, colliers de fer, gilets de force, douches, saignées, etc. pour les faire sortir de sa tête et pour l'amener à une manière de voir, d'agir et de penser absolument conforme à la sienne ou plutôt à celle de son client, le requérant de l'arrestation. C'est *l'inquisition* déguisée et raffinée et bien plus terrible pour un peuple libre que celle d'Espagne, car dans ces prétendues maisons de *santé*, elle s'exerce, non-seulement pour des faits de *religion*, mais encore pour *toute espèce de faits*, pour toute espèce de divergences d'idées et d'opinions d'un malheureux détenu, d'avec celles de l'incarcérateur qui se trompe très-souvent, d'où il résulte que fréquemment un homme sain d'esprit est placé dans une position dix fois plus terrible que celle des plus vils et grands criminels détenus, qu'au moins on ne médicamente pas à cause de *leurs pensées*.

Ce n'est pas du tout à faciliter les incarcérations des gens qu'il faut penser pour remédier au mal dont on se plaint, mais à les contrôler et à empêcher celles non suffisamment justifiées, qu'il faut viser, à répandre l'esprit d'indulgence et de tolérance dans les familles, faute duquel l'action réciproque de l'irritation des membres qui ne sont pas d'accord, fait souvent éclore des éclats que l'on nomme tantôt avec raison, tantôt mal à propos des cas de *folie*. Une mesure qui produirait probablement une diminution dans le nombre des cas, serait le rétablissement du divorce, par lequel on lèverait la nécessité d'habiter ensemble, à des époux qui se détestent et se contrarient constamment; une autre mesure qui aurait probablement le même résultat, serait de fixer la majorité à un âge moins avancé , surtout en matière de mariage, les empêchemens auquel sont fréquemment cause de *folie*; un autre moyen encore pour diminuer le nombre d'aliénés emprisonnés, serait d'avoir moins de confiance dans les médecins auxquels on a confié l'initiative dans les déclarations de folie et cessations de folie , tandis que ce devrait être les magistrats ou des jurés qui en connussent ; en ceci c'est bien le cas de dire que c'est notre crédulité et défaut de raisonnement qui fait la science des médecins , sur cette matière ; autant et mieux peut-être vaudrait en charger le clergé qui a eu aussi quelquefois la prétention de juger toutes choses sans appel. Quand un homme ne veut pas rendre compte des motifs de ses actions au médecin qui le tient, les lui déguise , ne veut pas se soumettre à sa décision , ne veut ou ne peut pas avoir confiance en lui , le médecin le déclare trop souvent fou ou non encore complétement guéri , il prophétise qu'il *redeviendra* malade et décide qu'il faut le retenir enfermé ; il veut être juge de l'avenir, *prophète* , hé! grand Dieu, quel prophète *!* combien voyons-nous de gens en vie qui ont été condamnés par les médecins? Combien sont morts promptement de ceux au sujet desquels le médecin disait, le malade n'a presque rien, je réponds de sa guérison, etc. Qu'ont-ils fait, ou plutôt que n'ont-ils pas fait sans succès pour guérir du choléra ? Que de prédictions non réalisées ont-ils faites à ce sujet, et au sujet de tant d'autres choses? Il y a des millions d'individus qui, comme Molière, ne croyent pas du tout à la médecine ou ne consultent de loin en loin un médecin que dans l'idée que *par hasard* il pourrait leur donner quelque bonne idée, se réservant de la suivre ou de ne pas la suivre ! Il y a encore des millions d'hommes qui croyent, sans doute à tort, que par fois ils empoisonnent et ont voulu presque partout où paraissait le choléra les assassiner et l'ont quelquefois fait. Il s'ensuit souvent que quand un prétendu fou qui ne croit pas à l'efficacité des médecins pour se guérir, est livré à un de ces Messieurs, il se défend naturellement contre tous les remèdes ou prétendus remèdes qu'on veut lui administrer de force en frappant de tout ce qui lui tombe dans les mains, et est par suite déclaré par le médecin *furieux* ou *fou à lier* et mis *aux fers*, malgré la considération qu'il y a en France comme ailleurs des millions d'incrédules sur l'utilité réelle des médecins qui feraient la même chose si on voulait leur donner des douches ou les saigner malgré eux. Les fous que l'on dit furieux ont presque toujours de bonnes raisons de l'être, mais elles échappent à l'aveuglement de ceux qui les entourent, qui sont prévenus contr'eux.

Je vais passer à l'examen du projet de loi en détail.

ARTICLES 1, 2 et 3.—La prohibition de placer ou retenir un individu même atteint d'imbécilité, démence ou fureur dans un hospice, ou établissement public ou privé d'aliénés, sans un ordre ou une autorisation d'une autorité élevée est très-sage, car c'est livrer un homme à un médecin que l'on établit dans le fait *grand inquisiteur*, de toutes les conceptions et combinaisons possibles de l'esprit humain, non-seulement en matière de religion, mais en toutes espèces de matières, et auquel on donne carte blanche.

Les ordres ou autorisations d'arrestation ou détention pour ces causes sont quelquefois nécessaires, mais ils ne devraient pas être trop communs et devraient être suivis dans le mois, et tous les mois au moins d'examens de la part de jurés ou de quelqu'autre fonctionnaire clairvoyant.

Le transport au cerveau qu'a une personne, passe souvent dans fort peu de jours, dans peu d'heures même, et traiter un homme comme fou quand il raisonne sainement, l'expose à devenir fou incurable et à mourir promptement de chagrin. Il faut donc que les détenus soient examinés à de courts intervalles, d'autant plus que quand on se trompe en continuant à traiter un homme qui a eu un transport au cerveau, fièvre cérébrale ou ardente, a été ivre, ou colère ou exalté autrement *comme fou*, quand il est redevenu raisonnable, sa position est des plus affreuses. Que chacun se figure ce qu'il souffrirait si on examinait avec prévention une ou plusieurs de ses idées favorites et dominantes, les déclarait des monomanies et lui fesait pour les extirper, subir des cachots, gilets de force, des douches, saignées, etc. Cela arrive cependant très-fréquemment malgré la dénégation des médecins.

On pourrait déclarer tous les conseillers municipaux, jurés pour les déclarations donnant lieu aux placemens proposés et à la mise en liberté des détenus. Ce sont des personnes qui sont censées avoir la confiance du public et de l'autorité supérieure. Il conviendrait que chaque décision fût prise sur la délibération de cinq membres à la majorité. Il conviendrait aussi d'en exclure les médecins d'aliénés qui ont la manie de voir des fous dans tous ceux qui ont de l'enthousiasme, qui ne sont pas de leur avis ou qui n'ont pas confiance en eux, et on peut à juste raison leur attribuer ici la dureté et la prévention que l'on attribuait aux juges crimiminels avant l'institution du jury en France, provenant de l'habitude qu'ils ont de la dissection et de voir souffrir qui les a endurcis et aveuglés comme l'habitude de voir des criminels a pu endurcir et prévenir les juges contre les accusés.

Art. 4.— Les autorisations ou ordres de détention de six mois , sont infiniment trop longs ; il faudrait les mettre à *un mois* , afin qu'ils fussent des boulevarts contre des détentions prolongées au delà de la cause du placement.

Art. 5. — Il n'y a rien à dire contre cet article, mais on pourrait abréger et mettre à 24 heures les notifications à faire pour s'approcher davantage de l'esprit de la charte au sujet de la liberté individuelle.

Art. 6. — Il n'y a rien non plus à observer contre l'article 6.

Art. 7. — Il est sage de mettre les maisons d'aliénés sous la surveillance de l'autorité locale, des préfets , des procureurs du roi et du jury ou de la commission à créer ; mais il faudrait qu'il fût obligatoire à quelques-uns de ces fonctionnaires de visiter , au moins une fois par mois, ces établissemens , de voir chaque détenu en particulier, de recevoir les réclamations qu'il pourrait faire et d'examiner s'il est fou ou non , ce dont chaque homme sensé peut juger aussi bien qu'un médecin, leur laisser de plus la faculté d'y aller plus souvent, et leur recommander de s'y rendre à l'improviste et de faire ouvrir tous les appartemens et toutes les cellules, se faire représenter les détenus et de leur parler en particulier ; je dis en particulier, parce qu'il faut, pour savoir la vérité, donner confiance au détenu qui a souvent peur que ses plaintes n'irritent son médecin et que celui-ci ne lui fasse appliquer , par suite , quelques douches , bains froids ou saignées de plus , chose qui arrive fréquemment quand un détenu a mis de mauvaise humeur le médecin ou soit les gardiens chargés de lui faire des rapports.

Art. 8.—Je ne trouve rien à dire sur cet article, si ce n'est qu'il vaudrait peut-être mieux défendre tout à fait les maisons privées d'aliénés , à cause des nombreux abus dont elles sont susceptibles et que toutes les autres maisons de santé où on ne traite pas les aliénés devront être soumises à des autorisations comme les autres , sans quoi et si elles ne sont pas surveillées, les médecins baptiseront autrement que des mots de *folie* ou *aliénation mentale* , les maladies de tous ceux qu'ils voudront traiter comme fièvres chaudes, ardentes, cérébrales , etc. etc. et éluderont la loi.

Art. 9.—Il n'y a rien à dire sur cet article, sauf les divergences d'opinions possibles sur l'autorité à laquelle on confiera la délivrance des ordres ou autorisations de placement.

Art. 10.—La représentation du registre devrait de plus pouvoir être requise par tout citoyen majeur. Ce serait une garantie pour le public.

Art. 11. — Il n'y a rien à dire à ce sujet.

Art. 12. — L'amende est raisonnable, mais ne

devrait pas être susceptible de la réduction possible au moyen de l'application de l'art. 463 du code pénal. Il s'agit de la liberté garantie par la charte et de combattre l'inquisition.

Art. 13. — Il n'y a rien à dire contre.

Art. 14. — Il serait à désirer qu'en cas d'indigence, les frais de la détention fussent uniquement à la charge de la commune à laquelle appartient l'insensé, par la raison que la charge étant forte pour une commune, il y aura des gens de la commune qui s'occuperont de l'individu détenu, et qu'il y aura plus de chances qu'on fasse cesser la détention en trouvant moyen de l'employer ou de faire cesser par des transactions et actes conciliatoires, l'irritation résultant de la position où le détenu se trouvait dans sa famille avant sa détention, ce qui a été le plus souvent cause des actes qu'on lui a reprochés et pourrait être cause de rechute en rentrant dans cette même position, tandis que si on divise les frais entre plusieurs agglomérations d'individus ou établissemens, ou les met à la charge de grandes agglomérations de personnes ou de grands établissemens, personne ne s'occupera beaucoup du malheureux détenu qui sera abandonné, et il y en aura beaucoup plus qui resteront détenus mal à propos.

Il y aurait à faire un article additionnel qui

aurait mieux trouvé sa place à la suite de l'art. 344 du code pénal sur les séquestrations illégales de personnes, qui serait celui ci :

« Seront assimilées aux tortures corporelles et punies comme telles toutes applications de chaînes, colliers de fer, gilets de force, saignées, douches ou médicamens avec violence, à une personne majeure dans *un moment où elle jouirait de ses facultés intellectuelles* et les repousserait. »

Je sais bien que les médecins avec leurs subtilités échapperont le plus souvent à la peine, mais je persiste à croire que ce serait une disposition utile qui les mettrait en considération quand ils voudraient, au mépris du bon sens, médicamenter des malheureux pour opinions dissidentes des leurs ou de celles de leurs clients. Je sais bien que les médecins sont en général des gens fort instruits, et à bonnes intentions; mais ce qu'ils ignorent est bien plus considérable que ce qu'ils savent, et il y a bien des détenus qui en savent plus qu'eux sur bien des chapitres.

Il faudrait aussi que les infirmiers, gardiens ou geôliers employés dans les maisons d'aliénés, fussent des gens de bonne vie et mœurs constatés, et prétassent serment d'instruire l'autorité de tous abus qu'ils pourraient remarquer dans l'etablissement où ils sont employés, notamment des abus contre la liberté individuelle de gens sains d'esprit, et qu'en cas de silence lorsqu'il y a lieu de parler, ils ne fussent pas ménagés et poursuivis comme complices de détentions arbitraires et d'applications de tortures corporelles déguisées sous le nom de remèdes.

Il ne faut pas se faire illusion, les erreurs et les abus commis dans les maisons d'aliénés, surtout dans celles privées, seront toujours nombreux, mais il faut prendre toutes les précautions possibles pour les rendre plus difficiles et en réduire le nombre.

D'après l'esprit de nos institutions, il serait rationnel que chaque aliéné eût un défenseur de son choix, pris, soit parmi les personnes ayant sa confiance, soit dans le barreau, ou nommé d'office, par la raison qu'il y a beaucoup de gens qui ont beaucoup de peine à s'expliquer et qui sont considérés comme fous, faute de pouvoir se faire comprendre ; d'ailleurs, un aliéné que l'on détient est un véritable *accusé* ; on l'accuse de ne pas savoir ce qu'il fait ou de faire des choses qui blessent la société, et on lui fait subir la peine de la détention avec tortures corporelles il serait donc naturel qu'il eût un défenseur qui tachât de le comprendre, ce qui souvent n'est pas difficile, s'occupât de lui et dont les fonctions seraient de travailler à le justifier et à le faire mettre en liberté le plus tôt possible.

On tire un argument pour la convenance de la construction de nouvelles maisons d'aliénés, de ce que l'on est obligé de les mettre, dans beaucoup de localités, dans les prisons. Je ne crois pas que l'argument soit bon ; ils y sont moins malheureux, n'y étant pas médicamentés à rebours du bon sens, et y ont beaucoup plus de chances de guérison naturelle, surtout quand le geôlier empêche les autres prisonniers de les tourmenter.

Il est probable, et je suis persuadé que des mathématiciens, logiciens et professeurs d'éloquence, guériraient mieux les fous que les médecins, en s'étudiant à rechercher les premières déviations de la route de la vérité, dans l'esprit de l'aliéné que l'on trouverait le plus souvent être occasionées par des *malentendus*, soit dans l'esprit de l'aliéné, soit dans celui de ceux qui l'entourent, comme des mensonges dits, des mots employés auxquels ils ne donnent pas les mêmes acceptions ou le même sens, des expressions employées par les uns au figuré, et pris par l'autre au sens propre, par des manières de parler en parabole, en ironie, en plaisanterie ou en hyperbole, qui ont été prises au sérieux, ou choses sérieuses qui ont été prises pour paraboles, plaisanteries, ironies ou hyperboles, choses qui ont donné lieu à ces malentendus, ensuite à des

disputes, méfiances réciproques et violences en
compliquant et étendant toujours davantage les
premiers malentendus, et en augmentant l'irritation réciproque. Quand on part en raisonnant
d'une base et va de conséquences en conséquences naturelles, on ne tarde pas à être à cent lieues
de celui qui part d'une base opposée ou seulement
différente. C'est à découvrir la naissance des erreurs et malentendus et à expliquer ceux-ci aux
personnes égarées, qu'il faut s'appliquer pour
les mettre sur la bonne route et non à leur tor-
turer le corps par tous les moyens qu'employent
les médecins. Une fois un malentendu trouvé, un
logicien ou mathématicien en trouverait et sui-
vrait souvent les conséquences naturelles et ver-
rait que le fou ou prétendu fou, est très-consé-
quent.

En résumé, on peut conclure que le projet de
loi présenté, étant d'une très-grande importan-
ce pour l'humanité et pour la liberté individuelle,
doit être mûrement examiné et

1° Qu'il convient d'extirper l'*inquisition* raffinée qui s'est introduite déguisée, dans les maisons d'aliénés, surtout dans celles privées.

2° Que loin de tenter d'augmenter le nombre
des détenus, il faut, au contraire, tâcher d'adop-
ter des mesures concordantes pour les diminuer.

3° Que la confiance que l'on a accordée par
erreur aux médecins jusques à present au sujet des

aliénés , doit leur être retirée et doit être tranfé-
rée à d'autres personnes qui peuvent tout aussi
bien qu'eux , juger si un homme est ou n'est
pas dans son bon sens ; doit ou ne doit pas être
enfermé ou relâché , et que cette confiance doit,
dans tous les cas , être limitée.

4° Que chaque fois qu'il y a doute sur l'état
mental d'une personne , on devrait la laisser en
liberté , en faire de même avec celles qui ayant
des aberrations d'esprit , ne font du mal à personne ou ont des monomanies inoffensives pour
la société.

5° Qu'il serait utile que les permissions ou
ordres de détention pour cause d'aliénation mentale, fussent de bien plus courte durée , que pro-
posé est *nécessaire* que les détenus soient examinés souvent et à de courts intervalles , par d'autres que les requérans de la détention.

Je suis convaincu qu'il y a beaucoup de gens
qui pourraient dévoiler bien des erreurs et abus
crians, commis au sujet de prétendus aliénés ;
fort sains d'esprit , en s'adressant à ceux qui ont
été détenus , ont leurs souvenirs nets et la facilité
de s'exprimer ; quoique les saignées , douches ,
cachots , gilets de force et autres prétendus remèdes qu'on leur a fait subir, ayant opéré sur la
plupart d'entr'eux , comme la *question* opérait
anciennement sur les accusés en leur fesant recon-

naître des faits pour vrais , qui sont absolument faux , leur ont fait reconnaitre qu'ils étaient bien *fous* , que tout ce qu'on leur attribuait comme *folies* , était bien des *folies* , que c'est bien le médecin qui les a guéris, qu'il est un bien habile homme etc. , quoiqu'ils n'en croyent pas un mot. Ils ont compris que s'ils avaient dit autrement et avaient incriminé leur tout-puissant détenteur ou le requérant de leur arrestation , ils ne seraient jamais sortis de leur prison ; c'est ce qui les a fait *paraître* de leur avis et ce qu'on appelle *leur guérison.* Il y en a qui sont sortis depuis long-temps de la maison de santé où ils étaient enfermés *mal à propos* ; mais qui se souvenant encore de ce qu'ils y ont souffert et de l'absurde traitement qui a manqué les tuer, en sont encore épouvantés et ont pris le parti de n'en plus parler ,d e crainte d'irriter ceux dont ils ont eu à se plaindre à ce sujet , et par suite de quelque nouvelle incarcération. Ils vont même souvent, toujours sous l'influence de la même crainte, jusques à les flatter et à vanter , dans toutes les occasions, leurs vertus , leurs talens et leur discernement ; *c'est ce qui fait que la vérité , sur cette matière, a grande peine à pénétrer dans le public* où on a généralement les plus fausses idées sur les gens que l'on dit aliénés. Rendons donc graces au gouvernement des découvertes d'abus qu'il a dû faire à ce sujet, et des bonnes intentions qu'il manifeste en mettant en discussion une loi sur cette matière, qui doit être considérée comme le complément de la charte.

J'espère que mes lecteurs me pardonneront l'incorrection avec laquelle est écrite cette discussion du projet de loi sur les aliénés, en faveur de la justesse, de l'opportunité et de l'utilité de mes raisonnemens sur cette matière intéressante pour l'homme, pour le français et pour le législateur.

Q.

MARSEILLE.

TYPOGRAPHIE DES HOIRS FEISSAT AÎNÉ ET DEMONCHY,

Imprimeurs de la Ville et du Commerce,

RUE CANEBIÈRE, N° 19.

1837.

www.ingramcontent.com/pod-product-compliance
Ingram Content Group UK Ltd.
Pitfield, Milton Keynes, MK11 3LW, UK
UKHW021639130726
13696UKWH00005B/2301